읽으면서 바로 써먹는 어린이 사자성어

등장인물 소개

동그란 찹쌀떡	만두	네모난 찹쌀떡	삼각김밥
찹이	두야	모네	쎄쎄

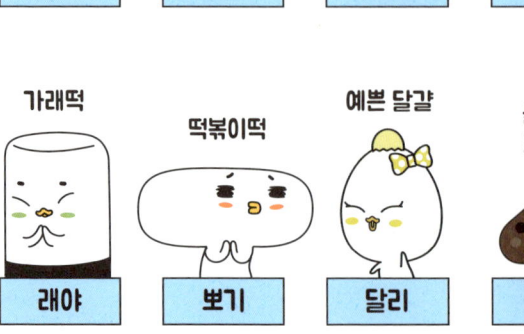

가래떡	떡볶이떡	예쁜 달걀	물방울 초콜릿
래야	뽀기	달리	초코

읽으면서 바로 써먹는 어린이 사자성어

글·그림 한날

작가의 말

혹시 무아도취라는 사자성어의 뜻을 알고 있나요? 그 의미는 자신의 존재를 완전히 잊고 흠뻑 취한다는 뜻이에요. 특별히 이 사자성어를 이야기한 것은 《읽으면서 바로 써먹는 어린이 사자성어》를 작업하며 이 말처럼 사자성어에 푹 빠져 작업했기 때문이에요. 네 글자로 이루어진 짧은 말속에 얼마나 많은 다양한 의미와 교훈적인 내용을 담고 있는지 사자성어를 알면 알수록 빠져들었답니다.

〈읽으면서 바로 써먹는 어린이 시리즈〉를 재미있게 본 어린이들은 일상 속에서 즐거움을 찾는 방법을 이미 알고 있다고 생각해요. 속담을 통해 친구와의 즐거운 대화를 하고, 관용구를 사용해 더욱더 재미있는 표현을 사용할 수 있으니까요. 또 수수께끼와 퀴즈를 풀며 부모님과 즐거운 시간을 보내고, 영단어와 맞춤법을 배우며 알아가는 재미를 느낄 수도 있지요.

그런 즐거움을 하나 더 추가할 방법이 바로 사자성어가 아닐까요? 우리 친구들이 이번 책에 나오는 사자성어를 재미있게 배우고 다양하게 사용할 수 있는 즐거움이 하나 더 늘어나길 간절히 바랍니다. 새로운 친구 예쁜 달걀 달리와 엉뚱하지만 귀여운 초코의 활약도 기대해 주세요.

한날

차례

ㄱ ㄴ ㄷ

- 01 각주구검 · 12
- 02 감탄고토 · 14
- 03 갑론을박 · 16
- 04 견원지간 · 18
- 05 결자해지 · 20
- 06 경거망동 · 22
- 07 고군분투 · 24
- 08 교우이신 · 26
- 09 구사일생 · 28
- 10 궁여지책 · 30
- 11 난공불락 · 32
- 12 낭중지추 · 34
- 13 누란지위 · 36
- 14 대동소이 · 38
- 15 대의명분 · 40
- 16 동병상련 · 42
- 17 동분서주 · 44
- 18 등하불명 · 46

ㅁ ㅂ

- 19 만고불변 · 50
- 20 만사형통 · 52
- 21 만시지탄 · 54
- 22 만장일치 · 56
- 23 명불허전 · 58
- 24 목불식정 · 60
- 25 목불인견 · 62
- 26 무아도취 · 64
- 27 묵묵부답 · 66
- 28 문전성시 · 68
- 29 박학다식 · 70
- 30 반신반의 · 72
- 31 반포지효 · 74
- 32 백발백중 · 76
- 33 백해무익 · 78
- 34 부전자전 · 80
- 35 부화뇌동 · 82
- 36 분골쇄신 · 84
- 37 불가항력 · 86
- 38 비일비재 · 88

ㅅ・ㅇ

- 39 사분오열 · 92
- 40 산전수전 · 94
- 41 산해진미 · 96
- 42 실왕실래 · 98
- 43 속전속결 · 100
- 44 솔선수범 · 102
- 45 시시비비 · 104
- 46 시종일관 · 106
- 47 심기일전 · 108
- 48 십시일반 · 110
- 49 아연실색 · 112
- 50 어불성설 · 114
- 51 엄동설한 · 116
- 52 오비이락 · 118
- 53 우공이산 · 120
- 54 우후죽순 · 122
- 55 이구동성 · 124
- 56 이실직고 · 126
- 57 인지상정 · 128
- 58 일사천리 · 130
- 59 일촉즉발 · 132
- 60 일편단심 · 134

ㅈ・ㅊ

- 61 자승자박 · 138
- 62 전광석화 · 140
- 63 전대미문 · 142
- 64 전전긍긍 · 144
- 65 절차탁마 · 146
- 66 점입가경 · 148
- 67 주경야독 · 150
- 68 지지부진 · 152
- 69 진수성찬 · 154
- 70 진퇴양난 · 156
- 71 차일피일 · 158
- 72 천방지축 · 160
- 73 천생연분 · 162
- 74 천신만고 · 164
- 75 천재일우 · 166
- 76 천진난만 · 168
- 77 천차만별 · 170
- 78 천편일률 · 172
- 79 청천벽력 · 174
- 80 추풍낙엽 · 176
- 81 측은지심 · 178

ㅌ・ㅍ・ㅎ

- 82 탁상공론 · 182
- 83 태평성대 · 184
- 84 파란만장 · 186
- 85 패가망신 · 188
- 86 포복절도 · 190
- 87 표리부동 · 192
- 88 풍수지탄 · 194
- 89 허심탄회 · 196
- 90 혈혈단신 · 198
- 91 호가호위 · 200
- 92 호사다마 · 202
- 93 호언장담 · 204
- 94 호연지기 · 206
- 95 혼연일체 · 208
- 96 확고부동 · 210
- 97 회자정리 · 212
- 98 횡설수설 · 214
- 99 후안무치 · 216
- 100 후회막급 · 218

01 각주구검	07 고군분투	13 누란지위
02 감탄고토	08 교우이신	14 대동소이
03 갑론을박	09 구사일생	15 대의명분
04 견원지간	10 궁여지책	16 동병상련
05 결자해지	11 난공불락	17 동분서주
06 경거망동	12 낭중지추	18 등하불명

ㄱ ㄴ ㄷ

01 刻舟求劍
각주구검

한자의 음과 뜻
새길 각 / 배 주 / 구할 구 / 칼 검

배에 새겨 칼을 구하려 한다는 뜻으로, 강을 건너다 물속에 칼을 떨어뜨리자 배에 그 자리를 표시하고 나중에 배가 움직인 것은 생각하지 않고 배에 표시된 곳에서 칼을 찾으려 하는 융통성 없고 어리석은 사람을 비유하는 말이에요.

02

甘吞苦吐
감탄고토

한자의 음과 뜻
달 감 / 삼킬 탄 / 쓸 고 / 토할 토

달면 삼키고 쓰면 뱉는다는 뜻으로, 옳고 그름에 상관없이 자신의 상황에 따라 좋을 때는 취하고 나쁠 때는 버린다는 말이에요. 내가 도움이 필요할 때는 친구에게 살살거리다가 친구가 도움을 요청하면 쌩 모른 척하는 사람이죠.

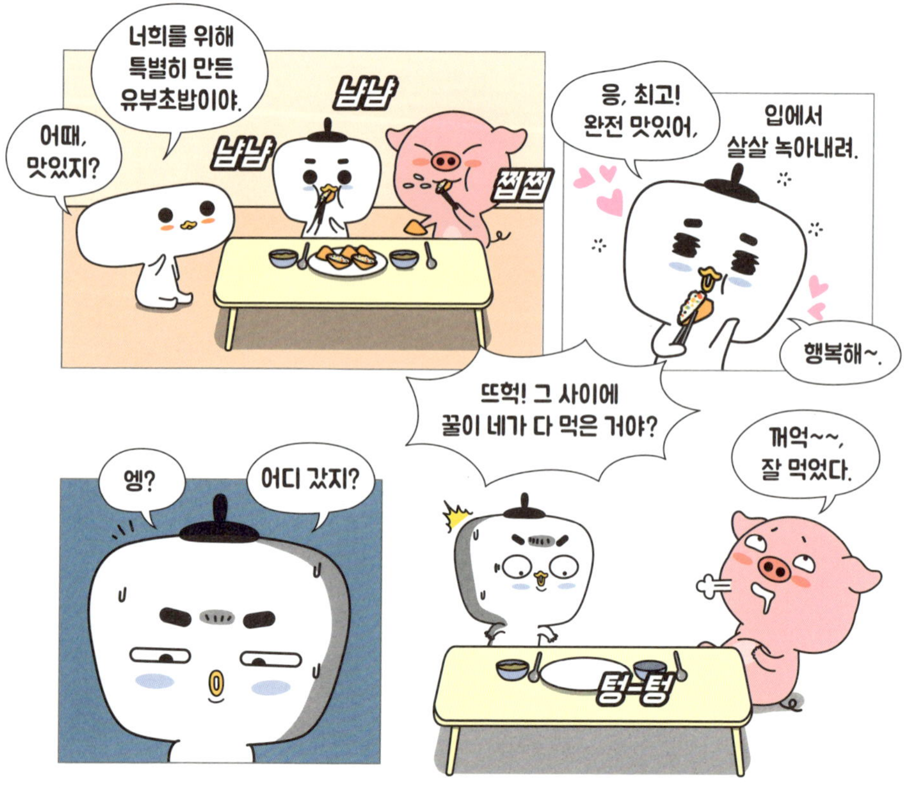

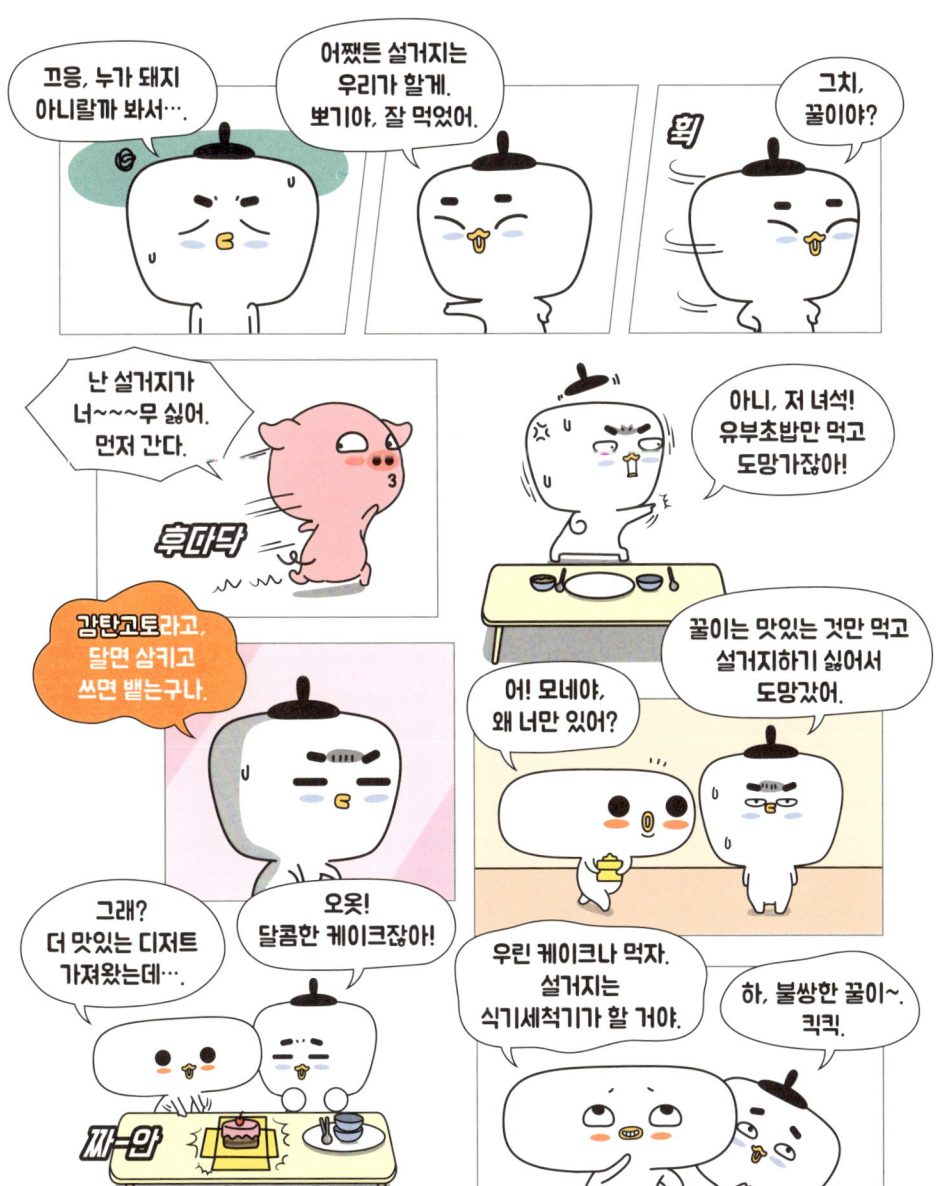

03 갑론을박

甲論乙駁

한자의 음과 뜻

갑옷 갑 / 논할 론(논) / 새 을 / 논박할 박

갑이 의견을 내면 을이 공격한다는 뜻으로, 여럿이 모여 자신의 주장만 옳다고 우기는 상황을 말해요. 문제를 해결하기 위해서는 의견을 내는 것도 중요하지만 더 좋은 해결을 위해 다른 사람의 의견에 귀를 기울이고 받아들일 줄도 알아야 해요.

아니야! 분명 나야.

아니라고! 나야 나!!

내가 확실하다니까! 나랑 눈이 10초 동안이나 마주쳤다고!

흥! 눈은 누구나 마주칠 수 있어. 난 함께 교실 청소도 했거든.

그러니 분명 나야!

아니! 교실 청소를 함께한 것도 우연의 일치야.

04

犬猿之間
견원지간

한자의 음과 뜻

개 견 / 원숭이 원 / 갈 지 / 사이 간

개와 원숭이 사이라는 뜻으로, 매우 사이가 좋지 않은 관계를 말해요. 성격이 맞지 않아 괜히 미운 생각이 들어 자주 으르렁거리며 싸우게 되는 친구가 있나요? 이런 관계를 비유적으로 표현할 때 사용해요.

얘들아~, 우리 달리기 연습하자!

아 참! 다음 주에 학교 달리기 시합이구나.

응! 난 꼭 1등을 할 거야!

오잉?

헉

05

結者解之
결자해지

한자의 음과 뜻

맺을 결 / 놈 자 / 풀 해 / 갈 지

맺은 사람이 풀어야 한다는 뜻으로, 어떤 일이든 자신이 만든 일은 자신이 해결해야 한다는 말이에요. 문제를 만들기만 하고 뒤처리는 나 몰라라, 남에게 맡겨 버리는 것은 무책임한 행동이에요. 내가 시작한 일은 내가 마무리해야 해요.

— 흠…, 어떻게 하지?

— 참이야, 왜 그러고 있어?

— 쎄쎄구나.

— 왜, 무슨 고민이라도 있는 거야?

— 응…, 결자해지라고 알지?

— 결자해지? 자기가 저지른 일은 자기가 책임진다는 말이잖아.

06

輕擧妄動
경거망동

한자의 음과 뜻
가벼울 경 / 들 거 / 망령될 망 / 움직일 동

가볍고 망령되게 행동한다는 뜻으로, 깊이 생각하지 않고 경솔하게 행동한다는 말이에요. 행동이나 말을 할 때는 먼저 생각하고 행동으로 옮기고, 중요한 일일수록 더 깊이 생각하고 또 생각해야 하지요. 말과 행동에는 무게가 있어야 해요.

이야~, 눈이 제법 많이 쌓였는걸?

이 정도면 충분해.

스노노, 기다려! 우리가 네 친구를 만들어 줄게!

앗! 눈사람 만들어 주는 거야?

응, 우리가 멋지게 만들어 줄게.

07

孤軍奮鬪
고군분투

한자의 음과 뜻

외로울 고 / 군사 군 / 떨칠 분 / 싸울 투

적은 수의 군사가 싸워 이름을 널리 알린다는 뜻으로, 도움 없이 힘에 벅찬 일을 잘해 나간다는 뜻이에요. 반 대항 피구 경기에서 홀로 남아 상대 팀 5명을 내보내며 최선을 다하는 모습에 비유적으로 표현할 수 있어요.

어린이 전국 골든벨

자~, 이제 마지막 문제입니다.

드디어 골든벨을 울릴 마지막 문제야.

모두 탈락하고, 혼자 남았어.

오옷! 역시나 모네라니까.

정말 대단해.

부끄럽게 우린 한 문제도 못 맞히고 떨어졌는데….

08

交友以信
교우이신

한자의 음과 뜻

사귈 교 / 벗 우 / 써 이 / 믿을 신

친구를 사귈 때 믿음으로 사귀라는 뜻으로, 사람 사이에 신뢰의 중요성을 말해요. 어떤 상황에서도 나를 믿고 나 또한 믿을 수 있는 친구가 있나요? 만약 그런 친구가 단 한 명이라도 있다면 세상을 다 가진 것과 같답니다.

09

九死一生
구사일생

한자의 음과 뜻

아홉 구 / 죽을 사 / 한 일 / 날 생

아홉 번 죽을 뻔하다가 한 번 살아난다는 뜻으로, 여러 차례 죽을 고비를 넘기고 간신히 살았다는 말이에요. 아주 힘든 상황을 간신히 벗어났을 때도 비유적으로 사용할 수 있어요.

窮餘之策
궁여지책

한자의 음과 뜻
궁할 궁 / 남을 여 / 갈 지 / 꾀 책

궁함 끝에 짜낸 꾀라는 뜻으로, 이러지도 저러지도 못하는 좋지 않은 상황을 해결하기 위한 어쩔 수 없는 방법을 말해요. 문제를 해결하기 위한 최고의 방법이 아니라 어쩔 수 없어 해야만 하는 일이에요.

11

難攻不落
난공불락

한자의 음과 뜻

어려울 난 / 칠 공 / 아닐 불(부) / 떨어질 락(낙)

공격하기 어려워 쉽게 점령되지 않는다는 뜻으로, 이기기 힘든 강한 상대를 더욱 강조하기 위한 표현으로도 사용해요. '난공불락 모네, 퀴즈 대회에서 또 우승!' 처럼 말이에요. 난 어떤 난공불락을 가지고 있나요?

으아아아악!

엥? 이 고함은 찹이네서 들렸는데….

무슨 일이야? 밖에까지 고함이 들리고….

누구 목소리가 큰지 데시벨 측정하고 있었어.

데시벨 측정?

응! 이 기계가 목소리 크기를 숫자로 나타내 주거든.

높으면 높을수록 목소리가 큰 거지.

그렇구나.

뜨아아악!

12 囊中之錐 낭중지추

한자의 음과 뜻
주머니 낭 / 가운데 중 / 갈 지 / 송곳 추

주머니 속의 송곳이라는 뜻으로, 주머니에 넣은 송곳은 숨기려 해도 뾰족하여 주머니를 뚫고 삐죽 튀어나와 숨길 수 없는 것처럼 뛰어난 재능을 가진 사람은 아무리 숨으려 해도 사람들 눈에 쉽게 드러난다는 말이에요.

累卵之危
누란지위

한자의 음과 뜻

여러 루(누) / 알 란 / 갈 지 / 위태할 위

달걀을 여러 개 쌓아 올린 것처럼 위태롭다는 뜻으로, 매우 아슬아슬하고 위험한 상황이나 모습을 비유적으로 말해요. 스몸비처럼 휴대폰을 보며 길을 걷는 모습을 보면 언제든 위험이 닥칠 수 있어 이 표현을 사용할 수 있어요.

14

大同小異
대동소이

한자의 음과 뜻

큰 대 / 한가지 동 / 작을 소 / 다를 리(이)

크게 같고 작게 다르다는 뜻으로, 큰 차이 없이 거의 비슷하다는 말이에요. 겉으로 보이는 크기를 비교할 수도 있고, 눈에 보이지 않는 행동에 대한 잘잘못을 따질 때에도 비유적으로 사용할 수 있어요.

흠, 둘 중 어떤 걸 고른다?

두야야, 과일가게 앞에서 뭐 하는 거야?

모네구나.

엄마 심부름 중이야.

심부름?

응. 제일 크고 싱싱한 수박을 사 오라는 미션을 주셨거든.

15 大義名分 대의명분

한자의 음과 뜻
큰 대 / 옳을 의 / 이름 명 / 나눌 분

사람이 당연히 지키고 행동해야 할 도리라는 뜻과 어떤 일을 시도할 때 정당한 구실이나 이유라는 두 가지 뜻으로 사용해요. 그래서 '대의명분'은 바른 생각이 바탕이 되어야 하지요.

同病相憐
동병상련

한자의 음과 뜻

한가지 동 / 병 병 / 서로 상 / 불쌍히 여길 련(연)

같은 병을 앓는 사람끼리 서로 불쌍히 여긴다는 뜻으로, 어려운 처지에 있는 사람끼리 서로를 안쓰럽게 생각한다는 말이에요. 같은 아픔을 가졌거나 비슷한 힘든 상황을 겪어 서로의 마음에 공감을 느낄 때 비유적으로 사용해요.

17

東奔西走

동분서주

한자의 음과 뜻

동녘 동 / 달릴 분 / 서녘 서 / 달릴 주

동쪽으로 달렸다 서쪽으로 달렸다 한다는 뜻으로, 이쪽저쪽으로 정신없이 바쁘게 달려 다닌다는 말이에요. 짧은 쉬는 시간 화장실도 다녀와야 하고, 친구들과 수다도 떨고 놀기도 해야 하고, 다음 수업도 준비해야 하니 딱 이 상황이네요.

18

燈下不明
등하불명

한자의 음과 뜻

등 등 / 아래 하 / 아닐 불(부) / 밝을 명

등잔 밑이 어둡다는 뜻으로, 가까이에 두고도 잘 찾지 못할 때 비유적으로 사용해요. 금방 쓰고 놓아둔 색연필이 안 보여요. 혹시 떨어졌을까 바닥도 찾아보고 이리저리 둘러봐도 찾을 수가 없어요. 색칠을 포기하고 책을 덮으니 그 밑에 있어요.

얘들아, 너희 관찰 숙제 했어?

난 꽃을 관찰해서 그림으로 그리는 거였어.

당연하지! 볼래?

19 만고불변	26 무아도취	33 백해무익
20 만사형통	27 묵묵부답	34 부전자전
21 만시지탄	28 문전성시	35 부화뇌동
22 만장일치	29 박학다식	36 분골쇄신
23 명불허전	30 반신반의	37 불가항력
24 목불식정	31 반포지효	38 비일비재
25 목불인견	32 백발백중	

19

萬古不變
만고불변

한자의 음과 뜻

일만 만 / 옛 고 / 아닐 불(부) / 변할 변

오랜 세월 동안 변하지 않는다는 뜻으로, '절대 변하지 않는'이라는 의미로 사용해요. 봄이 지나면 여름이 오고, 여름이 지나면 가을이 오고, 가을이 지나면 겨울이 오는 것처럼 말이죠.

20

萬事亨通
만사형통

한자의 음과 뜻
일만 만 / 일 사 / 형통할 형 / 통할 통

모든 일이 뜻대로 잘된다는 뜻으로, 무엇이든 원하는 대로 일이 술술 잘 풀려 평안하고 만족스러움을 비유적으로 사용해요. 새 학기 같은 반이 되고 싶은 친구들이 정말 모두 같은 반이 되었어요. 올해는 원하는 건 뭐든 이루어질 거 같아요.

— 모네가 여기 있었군.

— 랄랄라~

— 모네야, 한참 찾았어. 여기서 뭐 해?

— 어, 뽀기구나. 난 지금 내 기분을 만끽하고 있어.

— 무슨 좋은 일이라도 있어?

21

晚時之歎
만시지탄

한자의 음과 뜻

늦을 만 / 때 시 / 갈 지 / 탄식할 탄

때늦은 탄식이라는 뜻으로, 기회를 놓친 후에 한숨을 쉬며 후회한다는 말이에요. 다시 되돌릴 수 없어 그 후회가 더욱 크지요. 그래서 무슨 일이든 기회가 왔을 때 적극적으로 최선을 다하는 것이 중요한 거예요.

滿場一致
만장일치

한자의 음과 뜻
찰 만 / 마당 장 / 한 일 / 이를 치

마당에 가득 모인 사람의 의견이 하나로 모인다는 뜻으로, 다른 의견 없이 모든 사람의 의견이 같다는 말이에요. 학급 회의에서 '즐거운 반을 만들자'는 급훈에 모든 아이들이 손을 들어 만장일치로 급훈이 정해졌어요.

달콤베이커리

- 다 왔어, 여기야!
- 오~, 여기가 그 유명하다는 빵집이야?
- 얼른 들어가자.

- 딸기, 치즈, 초코… 케이크 종류가 정말 많다.
- 우리 어떤 거 먹을까?
- 전부 하나씩밖에 안 남았어! 다른 사람이 가져가기 전에 빨리 고르자.

名不虛傳
명불허전

한자의 음과 뜻

이름 명 / 아닐 불(부) / 빌 허 / 전할 전

이름이 전해진 것이 헛되지 않다는 뜻으로, 세상에 이름이 널리 알려진 데는 마땅한 이유가 있다는 좋은 의미를 가진 말이에요. 누구나 인정할 수밖에 없는 뛰어난 능력과 기술을 가진 달인이야말로 딱 이 말과 어울려요.

24

目不識丁
목불식정

한자의 음과 뜻

눈 목 / 아닐 불(부) / 알 식 / 고무래 정

눈앞에 丁자를 두고도 고무래라는 뜻임을 알지 못한다는 뜻으로, 속담 '낫 놓고 기역 자도 모른다'처럼 아주 무식하다는 의미로 사용해요. 간접 경험과 지식을 쌓을 수 있는 독서는 목불식정이 되지 않을 수 있는 가장 좋은 방법이에요.

뽀기야, 왔어!

안녕, 두야 너도 그네 타러 왔구나!

뽀기야, 혹시 쎄쎄 못 봤어?

어젠 피곤해서 안 오고, 오늘 그네 타러 온다고 했거든.

目不忍見
목불인견

한자의 음과 뜻

눈 목 / 아닐 불(부) / 참을 인 / 볼 견

차마 눈을 뜨고 볼 수 없다는 뜻으로, 눈앞에 펼쳐진 모습이나 상황이 너무 딱하거나 비참하여 쳐다볼 수 없음을 비유적으로 말해요. 또 바르지 못한 일이나 행동을 비판할 때도 사용할 수 있어요.

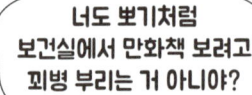

26

無我陶醉
무아도취

한자의 음과 뜻

없을 무 / 나 아 / 질그릇 도 / 취할 취

나를 잊고 완전히 취한다는 뜻으로, 어떤 일에 마음을 빼앗겨 그 속에 흠뻑 빠져 있다는 말이에요. 이 말은 긍정적이고 좋은 의미로 사용돼요. '새로 읽기 시작한 판타지 동화에 무아도취 되어 밤새 책을 읽었다.'처럼 말이죠.

默默不答
묵묵부답

한자의 음과 뜻

잠잠할 **묵** / 잠잠할 **묵** / 아닐 **불(부)** / 대답 **답**

입을 다물고 아무 대답도 하지 않는다는 뜻으로 어떤 질문이나 행동을 하였을 때 그에 대한 아무런 답도 돌아오지 않음을 나타낸 말이에요. 친구에게 질문을 했는데, 아무 대답도 없다면 무시당한 생각이 들어 무척 기분이 좋지 않을 거예요.

28

門前成市
문전성시

한자의 음과 뜻

문 문 / 앞 전 / 이룰 성 / 저재(시장) 시

문 앞이 시장을 이룬다는 뜻으로, 찾아오는 사람이 많아 북적거리는 시장을 이루었다는 말이에요. 우리 반에 전학 온 잘생긴 아이를 보기 위해 많은 아이들이 교실로 찾아와 우리 반은 문전성시를 이뤘어요. 얘들아, 시끄럽다.

 29

博學多識
박학다식

한자의 음과 뜻

넓을 **박** / 배울 **학** / 많을 **다** / 알 **식**

학문이 넓고 아는 것이 많다는 뜻으로, 다양한 분야에 대한 많은 지식을 가진 사람에게 주로 사용하는 말이에요. 책이나 신문을 통해 다양한 분야를 접하다 보면 이것이 지식으로 남아 박학다식해지는 것이랍니다.

얘들아, 너희 카메라의 원리에 대해서 알아?

어떻게 사진이 찍히는지 말이야.

그런 건 당연히 모르지….

나도, 히히~.

카메라는 빛을 한 점에 모으는 렌즈를 이용해서….

렌즈의 원리는 이러쿵~ 저러쿵~.

半信半疑
반신반의

한자의 음과 뜻

반 반 / 믿을 신 / 반 반 / 의심할 의

반은 믿고 반은 의심한다는 뜻으로, 어떤 일에 대하여 100% 확신하지 못하여 긴가민가 망설이는 모습을 말해요. 약속을 잘 지키지 않는 친구가 한 이번엔 꼭 지키겠다는 다짐을 믿어야 할지 말아야 할지 망설여지는 마음이에요.

反哺之孝
반포지효

한자의 음과 뜻

돌이킬 반 / 먹일 포 / 갈 지 / 효도 효

까마귀 새끼가 자라 어미에게 먹이를 가져다주며 효도한다는 뜻으로, 자식이 자라 부모에게 효도로 은혜를 갚는다는 말이에요. 효도는 꼭 어른이 되어서 해야 하는 큰 것이 아니에요. 엄마 아빠를 생각하는 마음이 곧 효도의 시작이랍니다.

百發百中
백발백중

한자의 음과 뜻

일백 백 / 필 발 / 일백 백 / 가운데 중

활 등을 백 번 쏘아 백 번을 다 맞힌다는 뜻과 어떤 일이든 이야기한 것이 잘 들어맞는다는 뜻으로 사용해요. 체육 시간에 던진 농구공이 골대로 쏙쏙 모두 들어갔어요. 던지기만 하면 들어가니 기분이 무척 좋아요.

百害無益
백해무익

한자의 음과 뜻

일백 **백** / 해할 **해** / 없을 **무** / 더할 **익**

백 가지가 해롭고 이로운 것이 하나도 없다는 뜻으로, 아무 도움이 되지 못한다는 말이에요. 학원 숙제를 못해 학교 수업 시간에 몰래 몰래 숙제를 했어요. 수업은 들리지 않고, 숙제도 눈치를 보느라 엉망이에요.

씨익
씨익

오잉?

두야야, 왜 그렇게 화가 났어?

어, 달리구나. 나도 모르게 자꾸 짜증이 나고 화가 나.

34

父傳子傳
부전자전

한자의 음과 뜻

아버지 부 / 전할 전 / 아들 자 / 전할 전

아버지가 아들에게 전한다는 뜻으로, 아버지를 닮아 아버지와 비슷한 습관이나 행동을 하는 아들을 보며 하는 말이에요. 좋은 것이나 나쁜 것 모두에 사용할 수 있어요. 이왕이면 좋은 것을 닮는 것이 좋겠지요.

뽀기야, 쎄쎄 집 앞에서 뭐 해?

쎄쎄를 만나러 왔는데, 집에 아무도 없네.

아까 아빠랑 목욕탕 간다고 했어.

또?

며칠 전에도 목욕탕 갔었는데….

附和雷同
부화뇌동

한자의 음과 뜻

붙을 부 / 화할 화 / 우레 뢰(뇌) / 한가지 동

천둥소리에 맞춰 움직인다는 뜻으로, 소신 없이 다른 사람의 의견에 따라 이리저리 움직인다는 말이에요. 이런 행동은 생각하지 않아도 돼 우선은 편할 수 있지만, 스스로 생각하는 힘을 잃게 된답니다.

粉骨碎身
분골쇄신

한자의 음과 뜻
가루 분 / 뼈 골 / 부술 쇄 / 몸 신

뼈를 가루로 만들고 몸을 부순다는 뜻으로, 그만큼 많은 노력과 정성을 들인다는 말이에요. 어떤 일이든 원하는 결과를 얻기 위해서는 이런 노력이 꼭 필요하지요. 남을 위한 노력에도 함께 쓸 수 있어요.

> 오잉? 바둑판이네?

> 끄응.

> 뽀기야, 무슨 일 있어?

> 한 달 전에 모네랑 바둑을 뒀는데, 무참하게 졌어.

> 당연하지. 모네는 우리 학교 바둑 1등이라고!

37

不可抗力
불가항력

한자의 음과 뜻

아닐 불(부) / 옳을 가 / 겨룰 항 / 힘 력(역)

사람의 힘으로 막을 수 없는 힘이라는 뜻으로, 막으려고 아무리 힘을 써도 막을 수 없는 어찌할 수 없는 상황을 말해요. 강력한 태풍과 같은 자연재해로 입은 큰 피해가 그 예가 될 수 있어요.

비일비재
非一非再

한자의 음과 뜻
아닐 비 / 한 일 / 아닐 비 / 두(다시) 재

같은 일이 한두 번이 아니라 많다는 뜻으로, 흔하다 또는 자주 있다는 말이에요. 매일 지각을 하거나 숙제를 잘 해오지 않는 일이 비일비재하게 있는 건 좋지 않아요. 생활 습관을 바꿔 비일비재를 어쩌다로 바꿔 보면 어떨까요?

우와~, 드디어 동문이야.

실제로 보니 산성으로 둘러싸인 모습이 정말 아름답다.

그치. 근데 산성은 방어의 목적으로 만들어졌대.

정말! 누굴 막은 거야?

과거에는 다른 나라의 침략이 **비일비재**했었잖아.

39 사분오열	47 심기일전	55 이구동성
40 산전수전	48 십시일반	56 이실직고
41 산해진미	49 아연실색	57 인지상정
42 설왕설래	50 어불성설	58 일사천리
43 속전속결	51 엄동설한	59 일촉즉발
44 솔선수범	52 오비이락	60 일편단심
45 시시비비	53 우공이산	
46 시종일관	54 우후죽순	

39

四分五裂
사분오열

한자의 음과 뜻
넉 사 / 나눌 분 / 다섯 오 / 찢을 렬(열)

네 갈래, 다섯 갈래로 나누어지고 찢어진다는 뜻으로, 여러 가닥으로 찢기거나 어지럽게 흩어진다는 말이에요. 생각이나 사람, 조직 등이 하나로 뭉쳐지지 않고 여럿으로 나뉠 때 이 말이 자주 사용돼요.

자~, 이제 학예회 때 함께 할 장기자랑을 정해 보자.

응!

태권도 어때? 태권도를 하면 아주 멋있을 거야.

태권도는 너밖에 못 하잖아.

그럼 내가 잘 가르쳐 줄게. 히히~.

그것보다 난 댄스를 하면 좋을 것 같아.

요즘 유행하는 춤을 추는 거지.

40

山戰水戰
산전수전

한자의 음과 뜻

메 산 / 싸움 전 / 물 수 / 싸움 전

산에서도 싸우고 물에서도 싸운다는 뜻으로, 온갖 시련과 고생으로 힘든 상황을 겪었다는 말이에요. 자연 속에서 의식주를 해결하기 위해 〈정글의 법칙〉에서 출연자들이 겪게 되는 다양한 상황이 바로 이 모습이 아닐까요.

41

山海珍味
산해진미

한자의 음과 뜻

메 산 / 바다 해 / 보배 진 / 맛 미

산과 바다에서 나오는 귀한 재료로 만든 맛있는 음식을 말해요. 매일 먹는 반찬이 아니라 잔칫상에 한 상 가득 차려진 다양한 음식이나 여행지에서 먹게 되는 그 지역에서만 먹을 수 있는 특별한 재료를 이용한 음식을 칭찬할 때 사용해요.

조금만 기다려. 엄마가 너희를 위해 엄청 많은 요리를 하고 계시거든.

우와~, 정말?

응. 오늘 산해진미를 다 맛볼 수 있을 거야!

히히~. 얼마나 맛있는 게 많이 나올까?

자! 대게부터!

우와!! 대게다!

說往說來
설왕설래

한자의 음과 뜻

말씀 설 / 갈 왕 / 말씀 설 / 올 래(내)

말이 오간다는 뜻으로 서로 옳고 그름을 따지며 다툰다는 말이에요. 언성을 높여 진짜 싸우는 것이 아니라 서로 반대되는 의견을 나눈다고 할 수 있어요. 한 가지 주제로 이야기를 나누는 토론이 설왕설래랍니다.

43

速戰速決
속전속결

한자의 음과 뜻

빠를 속 / 싸움 전 / 빠를 속 / 결단할 결

짧은 기간 싸워 빠르게 전쟁의 승패를 정한다는 뜻과 일을 거침없이 빠르게 끝낸다는 두 가지 뜻으로 사용해요. 빠르게 일을 끝내는 것도 중요하지만 제대로 하는 것이 더 중요하다는 걸 잊지 마세요.

- 다했다.
- 벌써?
- 이 정도 수학 문제는 속전속결로 풀어야지! 후훗!
- 우와~, 쎄쎄가 어쩐 일이야?
- 그러게. 매번 수학은 어렵다고 했는데….
- 히히~, 애들이 놀이터에서 기다리고 있어서 먼저 갈게.

率先垂範
솔선수범

한자의 음과 뜻

거느릴 솔 / 먼저 선 / 드리울 수 / 법 범

앞장서서 먼저 모범을 보인다는 뜻이에요. 모범은 본받아 배울만한 것으로 형으로서, 누나로서, 반장으로서, 우리 반의 구성원으로서 누구나 할 수 있는 일이에요. 내가 먼저 작은 일부터 솔선수범해 보면 어떨까요.

45

是是非非
시시비비

한자의 음과 뜻

옳을 시 / 옳을 시 / 아닐 비 / 아닐 비

옳고 그름을 따진다는 뜻과 잘잘못, 즉 잘함과 못함을 뜻하는 말로 사용해요. 친구 사이에 갈등이 있을 때는 시시비비를 따져 잘못이 있을 때는 사과하고 오해가 있을 때는 풀어야 마음에 남지 않는답니다.

始終一貫
시종일관

한자의 음과 뜻

비로소 시 / 마칠 종 / 한 일 / 꿸 관

시작부터 끝까지 일관되게 같다는 뜻으로 긍정적인 상황과 부정적인 상황 어디에나 사용할 수 있어요. 여가시간 무엇을 하고 지내나요? 혹시 게임과 휴대폰만 시종일관 하고 있는 것은 아니겠지요? 다양한 활동으로 여가시간을 채워 봐요.

우와!! 드디어 시작한다.

스노노의 집으로

난 이 공포 영화를 두 번째 보는 거야.

공포? 이 영화가 공포였어?

응, 얼마나 무서웠다고. 너 보여 주려고 또 보는 거야.

이 영화는 시종일관 숨죽이게 되거든.

47

心機一轉
심기일전

한자의 음과 뜻

마음 심 / 틀 기 / 한 일 / 구를 전

가졌던 마음을 완전히 바꿔 달라졌다는 말이에요. 새해가 되면 지난해를 반성하며 새 마음 새 뜻으로 계획을 세우고 다짐하는 것이 바로 이런 마음이에요. 이 마음이 작심삼일로 끝나지 않게 노력해 봐요.

으으윽.

래야야, 역도 연습하는 거야?

응! 요즘 역도를 배우고 있거든.

우와, 래야는 힘이 세니까 잘할 것 같아.

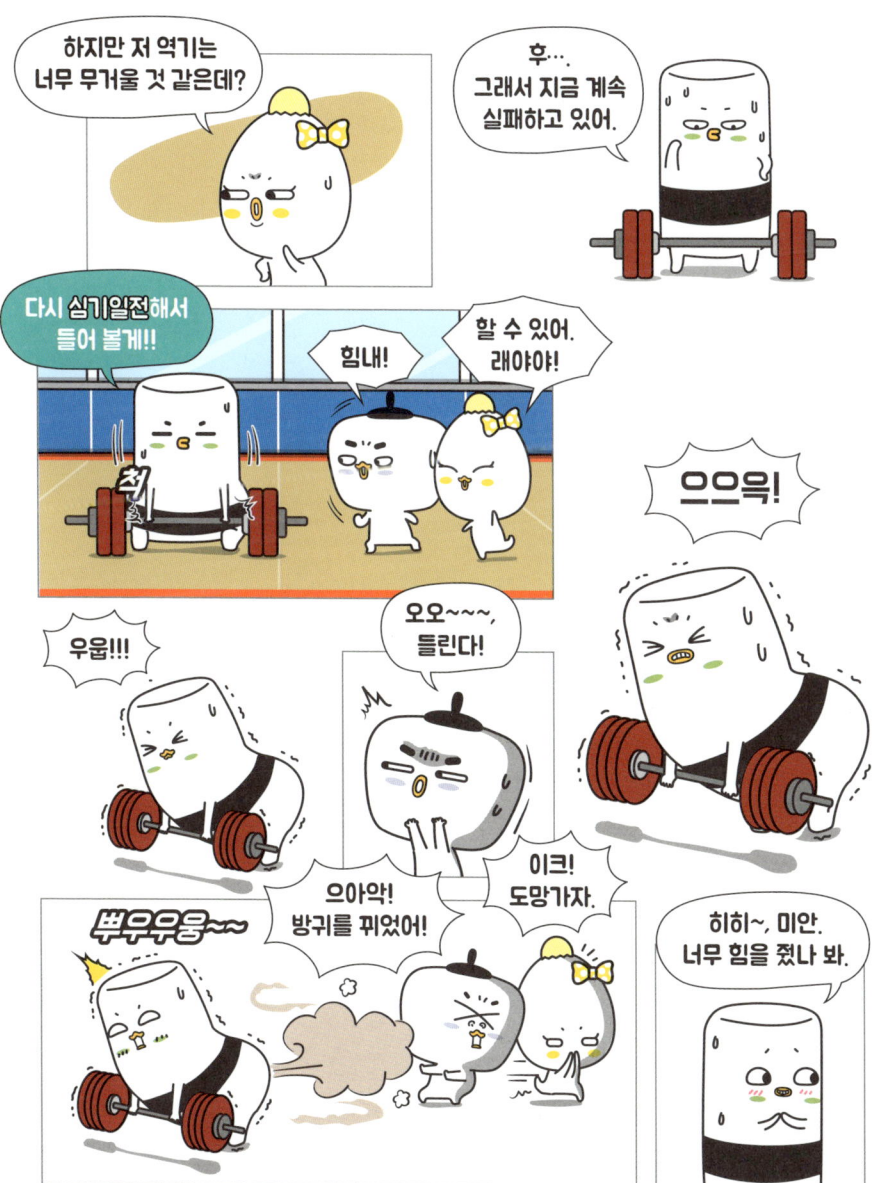

48

十匙一飯
십시일반

한자의 음과 뜻

열 십 / 숟가락 시 / 한 일 / 밥 반

열 수저의 밥이 밥 한 그릇을 만든다는 뜻으로, 여럿이 작은 힘을 모으면 한 사람을 돕는 것은 쉽다는 말이에요. 체육 시간 발목을 다쳐 걷지 못하는 친구를 혼자 업으려 하면 힘들지만, 여러 친구가 들것을 이용하면 쉽게 보건실로 옮길 수 있지요.

49

啞然失色
아연실색

한자의 음과 뜻

벙어리 아 / 그럴 연 / 잃을 실 / 빛 색

생각지 못한 일에 얼굴색이 변할 만큼 놀란다는 뜻이에요. 공원에서 자전거를 쌩쌩 신나게 달리는데, 갑자기 길고양이가 뛰어들었어요. 깜짝 놀라 간신히 자전거는 멈췄지만 심장은 더욱 크게 쿵쿵 뛰어요.

 50

語不成說
어불성설

한자의 음과 뜻

말씀 어 / 아닐 불(부) / 이룰 성 / 말씀 설

말이 전혀 이치에 맞지 않는다는 뜻으로, 억지스럽고 논리에 맞지 않는 말을 할 때 쓰는 말이에요. 왜 숙제를 안 해 왔니? 엄마가 숙제 하라고 안 해서요. 본인 숙제를 엄마가 하라고 하지 않아 안 했다니. 참, 말도 안 되는 일이죠.

51

嚴冬雪寒
엄동설한

한자의 음과 뜻
엄할 엄 / 겨울 동 / 눈 설 / 찰 한

눈 내리는 매서운 겨울 추위를 말해요. 이때 영하 10℃ 이하인 날씨가 며칠 지속되면 수도계량기가 얼어서 터지는 등 겨울철 사고가 많아져요. 또, 상황이나 상태가 좋지 않거나 가라앉은 때를 비유하는 말로 사용하기도 해요.

 52

烏飛梨落
오비이락

한자의 음과 뜻

까마귀 날자 배 떨어진다는 뜻으로, 아무 상관도 없는 행동에 뒤이어 일어난 일로 인해 억울한 의심을 산다는 말이에요. 지나가다 바닥에 떨어진 교과서를 주워 제자리에 놓아 주었어요. 그런데 그 자리 친구가 자꾸 나를 봐요. 연애편지를 받았대요.

까마귀 오 / 날 비 / 배나무 리(이) / 떨어질 락(낙)

53

愚公移山
우공이산

한자의 음과 뜻

어리석을 우 / 공평할 공 / 옮길 이 / 메 산

우공이란 노인이 산을 옮긴 이야기에서 유래한 것으로 무슨 일이든 노력하면 모두 이루어진다는 말이에요. 줄넘기 이단뛰기를 하는 친구가 부러워 매일 저녁 연습했어요. 처음에는 힘들었지만, 한 개를 넘자 금방 다섯 개를 할 수 있게 되었지요.

54

雨後竹筍
우후죽순

한자의 음과 뜻
비 우 / 뒤 후 / 대 죽 / 죽순 순

비 온 뒤에 이곳저곳에서 솟아나는 죽순이라는 뜻으로, 일시적으로 어떤 일이 많이 생기는 것을 말해요. 얼만 전 대왕 카스테라가 유행이었는데, 가게들이 얼마나 많이 생겼는지 자고 일어나면 가게가 하나씩 는다고 했었지요.

 55

異口同聲
이구동성

한자의 음과 뜻

다를 리(이) / 입 구 / 한가지 동 / 소리 성

입은 다르지만 한가지 말을 한다는 뜻으로, 여러 사람이 같은 말을 한다는 말이에요. 점심을 먹고 졸음이 몰려오는 5교시 선생님의 장기자랑 제안에 아이들 눈이 반짝이며 환호성을 질러요. 모두 선생님 노래가 듣고 싶대요.

56

以實直告
이실직고

한자의 음과 뜻

써 이 / 열매 실 / 곧을 직 / 고할 고

있는 그대로 말한다는 뜻이에요. 핑계로 시작한 작은 거짓말이 더 큰 거짓말로 이어져 별일 아니었던 작은 일이 커질 때가 있어요. 그래서 핑계나 거짓말로 그 순간을 모면하기보다 있는 그대로 이야기하는 것이 좋아요.

57

人之常情
인지상정

한자의 음과 뜻

사람 인 / 갈 지 / 떳떳할(항상) 상 / 뜻 정

사람이 가지는 보통의 마음으로 '당연하다'고 인정되는 것을 말해요. 다른 사람을 돕는 것, 나쁜 일을 하지 않는 것처럼 말이에요. 이렇게 당연한 것을 당연하게 모두 지킬 때 평화롭고 모두 행복해지는 것이랍니다.

도대체 어디 간 거지?

찹이야, 뭐 찾아?

아침부터 내가 제일 아끼는 펜이 안 보여서….

종일 찾았는데 없어. 그것 때문에 집에도 못 가고 있어.

58 一瀉千里
일사천리

한자의 음과 뜻
한 일 / 쏟을 사 / 일천 천 / 마을 리(이)

강물이 쏟아져 순식간에 천 리를 간다는 뜻으로, 일 처리나 진행이 빠르게 이루어진다는 말이에요. 깨끗한 교실을 만들기 위해 시작한 대청소는 미리 구역을 나눠 둔 덕분에 조직적으로 빠르게 진행되었어요.

> 애들아, 빨리 물놀이 할 준비하자!

> 응!

> 너희가 오기 전에 풀장에 바람을 미리 넣었지.

> 잘했어. 난 같이 놀 비치볼을 가져왔지.

59

一觸卽發
일촉즉발

한자의 음과 뜻
한 일 / 닿을 촉 / 곧 즉 / 필 발

한 번 닿으면 바로 터질 것 같다는 뜻으로, 매우 아슬아슬하고 불안정한 상태를 말해요. 옆 반과 겨루는 축구 경기에서 우리 결승 골을 상대 팀이 일부러 손으로 막자, 우리 반 아이들은 반칙이라고 고함을 치며 흥분했어요.

60 一片丹心
일편단심

한자의 음과 뜻
한 일 / 조각 편 / 붉을 단 / 마음 심

한 조각의 붉은 마음이라는 뜻으로, 한 곳만 바라보는 변하지 않는 마음을 말해요. 어떤 한 곳을 향한 순수하고 변치 않는 사랑을 비유적으로 표현하지요. 엄마 아빠의 자식을 향한 마음은 언제나 일편단심이랍니다.

61 자승자박	68 지지부진	75 천재일우
62 전광석화	69 진수성찬	76 천진난만
63 전대미문	70 진퇴양난	77 천차만별
64 전전긍긍	71 차일피일	78 천편일률
65 절차탁마	72 천방지축	79 청천벽력
66 점입가경	73 천생연분	80 추풍낙엽
67 주경야독	74 천신만고	81 측은지심

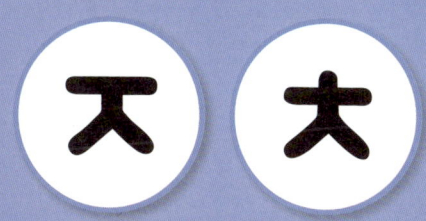

61

自繩自縛
자승자박

한자의 음과 뜻

스스로 자 / 노끈 승 / 스스로 자 / 얽을(묶을) 박

스스로 자신을 끈으로 묶는다는 뜻으로, 자신이 한 행동이나 말 때문에 곤경에 처한다는 말이에요. 그래서 말이나 행동을 할 때는 신중하게 생각하고 옮겨야 실수가 없답니다.

62

電光石火
전광석화

한자의 음과 뜻
번개 전 / 빛 광 / 돌 석 / 불 화

번갯불이나 부싯돌의 불이라는 뜻으로, 잠깐 반짝이고 사라지는 불빛처럼 아주 짧은 시간이나 매우 빠른 행동을 말해요. 딱 하나 남은 마카롱을 보며, 난 아주 빠르게 손을 내밀었어요. 하지만 동생의 눈물에 동생에게 양보했지요.

빨리 가자! 찹이가 기다리겠어.

다다다다

다다다다

총총총

두야야, 빨리 와. 벌써 5분이나 늦었단 말이야.

두야는 걸음이 너무 느리다니까.

63

前代未聞
전대미문

한자의 음과 뜻
앞 전 / 대신할 대 / 아닐 미 / 들을 문

지난 시대에 들어 보지 못했다는 뜻으로, 지금까지 본 적이 없는 것이라는 말이에요. 이것은 아주 놀라운 것일 수도 있고, 처음 보는 새로운 것일 수도 있어요. 비슷한 말로 '들도 보도 못하다'라는 관용구가 있어요.

64

戰戰兢兢
전전긍긍

한자의 음과 뜻
싸움 전 / 싸움 전 / 떨릴 긍 / 떨릴 긍

겁을 먹고 벌벌 떨며 조심한다는 뜻이에요. 좋지 않은 상황에 마음을 졸인다는 뜻으로 자주 사용해요. 친구와 야구를 하다 야구공이 날아가 그만 유리창을 깼어요. 쨍그랑 소리에 가슴이 두근거리며 전전긍긍하게 돼요.

쎄세야, 숙제는 다했어? 내가 좀 도와줄까?

….

싫으면 우리 집 갈래? 내가 재미있는 장난감 빌려줄게.

찹이가 왜 저렇게 쎄세한테 전전긍긍하는 거지?

쎄세야, 너 오늘따라 참 멋져 보인다.

切磋琢磨
절차탁마

한자의 음과 뜻

끊을 **절** / 갈 **차** / 다듬을 **탁** / 갈 **마**

옥돌을 잘라 갈고 다듬어 빛을 내는 것처럼 학문이나 인품을 부지런히 갈고닦는다는 말이에요. 그동안 있었던 실수를 바로잡기 위해 스스로 노력하겠다는 다짐을 보여 줄 때 '절차탁마의 자세로'라고 말해요.

66

漸入佳境
점입가경

한자의 음과 뜻

점점 점 / 들 입 / 아름다울 가 / 지경 경

들어갈수록 점점 아름다움이 더해진다는 뜻으로, 문장이나 일 등이 점점 재미있어 진다는 말이에요. 추리소설을 읽다 보면 꼬리에 꼬리를 물며 이어지는 이야기에 눈을 뗄 수 없어 밤을 새며 읽게 되지요.

— 찹이야, 공원에서 뭐 해?

— 앗! 뽀기야.

— 동화책 읽고 있었어.

— 무슨 동화책이야?

— 추리 동화인데, 너무 재미있어.

— 지금 반 정도 읽고 있거든.

— 그런데….

67

畫耕夜讀
주경야독

한자의 음과 뜻

낮 주 / 밭 갈 경 / 밤 야 / 읽을 독

낮에는 농사를 짓고 밤에는 책을 읽는다는 뜻으로, 힘들고 어려운 상황에서도 열심히 공부한다는 말이에요. 공부는 꼭 학교 공부만을 얘기하지 않아요. 내가 하고 싶은 것, 배우고 싶은 것, 궁금한 것 모두 공부랍니다.

68 遲遲不進
지지부진

한자의 음과 뜻
더딜 지 / 더딜 지 / 아닐 불(부) / 나아갈 진

더디고 더뎌 나아가지 않는다는 뜻으로, 일이 진행되지 못하고 그 자리에 멈춘 것처럼 보이는 상태를 말해요. 친구들과 1000조각 퍼즐을 맞추기로 했어요. 한 시간이 지나도 진척이 없자 친구들이 하나둘 다른 놀이를 해요.

— 다들 모였지?
— 응!
— 휴~, 정말 힘들었어.
— 맞아. 한 달이나 걸렸잖아.
— 바느질이 서툴러서 열심히 하는데도 참 지지부진했지.

珍羞盛饌
진수성찬

한자의 음과 뜻

보배 진 / 부끄러울(바칠) 수 / 성할 성 / 반찬 찬

풍성하게 차려진 진귀하고 맛있는 음식이라는 뜻이에요. 생일이면 엄마는 전, 갈비, 잡채, 삼색나물에 미역국까지 내가 좋아하는 것들로 한 상을 가득 채워요. 엄마 요리는 항상 맛있지만, 생일에 먹는 음식이 제일 맛있어요.

오랜만에 공원에 나오니까 좋다. 도시락 먼저 먹을까?

그래!

배고파. 빨리 먹자!

난 과일과 음료를 준비했어.

난 쿠키랑 햄버거!

70

進退兩難
진퇴양난

한자의 음과 뜻

나아갈 **진** / 물러날 **퇴** / 두 **량(양)** / 어려울 **난**

나아가지도 물러나지도 못하는 어려운 처지라는 뜻으로, 어느 하나를 선택할 수 없는 이러지도 못하고 저러지도 못하는 난감한 상황을 말해요. 어릴 적 들었던 '엄마가 좋아, 아빠가 좋아?'라는 질문이 이럴 거예요.

71 此日彼日
차일피일

한자의 음과 뜻
이 차 / 날 일 / 저 피 / 날 일

이 날 저 날 하며 날짜를 자꾸 미룬다는 뜻이에요. 할머니께 용돈을 받았어요. 동생과 나누어 쓰라고 하셨는데, 그만 혼자 다 써 버렸어요. 동생이 자꾸 언제 줄 거냐고 묻는데 할 말이 없어 계속 미루고 있어요.

72 天方地軸
천방지축

한자의 음과 뜻

하늘 천 / 모 방 / 땅 지 / 굴대 축

하늘이 어디인지, 땅이 어디인지 모른다는 뜻으로, 행동이나 생각을 종잡을 수 없게 함부로 한다는 말이에요. 야생마처럼 길들여지지 않아 어느 곳으로 뛸지 모르는 그런 모습이에요.

73

天生緣分
천생연분

한자의 음과 뜻
하늘 천 / 날 생 / 인연 연 / 나눌 분

태어날 때 하늘에서 정해 준 인연을 말해요. 보통 남녀 사이에 잘 어울리거나 서로 잘 맞는다는 의미로 주로 사용해요. 우리 가족은 천생연분이 맞아요. 생긴 것도 비슷하고, 성격도 비슷해서 참 잘 맞아요.

74

千辛萬苦
천신만고

한자의 음과 뜻

일천 천 / 매울 신 / 일만 만 / 쓸 고

천 가지의 매운 것과 만 가지의 쓴 것이라는 뜻으로, 수많은 어려움과 고통을 겪으며 고생한다는 말이에요. 처음으로 혼자 할머니 댁에 다녀왔어요. 지하철을 갈아타는 곳이 얼마나 복잡한지 묻고 또 물으며 간신히 찾아갔지요.

75

千載一遇
천재일우

한자의 음과 뜻

일천 천 / 실을 재 / 한 일 / 만날 우

천 년 동안 딱 한 번 만난다는 뜻으로, 쉽게 만날 수 없는 좋은 기회를 말해요. 기회는 누구에게나 올 수 있지만, 이것이 기회인 줄 알아보는 눈을 가지고 있어야 하고, 기회를 잡을 수 있는 준비된 능력이 필요하답니다.

뿌아아앙~

우와~, 드디어 출발이다!

망망대해를 보니 가슴이 뻥 뚫리는 것 같아.

모네야, 고마워!

76

天眞爛漫
천진난만

한자의 음과 뜻

하늘 천 / 참 진 / 빛날 란(난) / 흩어질 만

꾸미거나 거짓 없이 순수하다는 뜻으로, 어린아이처럼 맑고 해맑은 모습을 말해요. 친구들과 깔깔거리며 운동장에서 신나게 뛰어노는 모습이 이런 모습이에요. 그냥 보고만 있어도 웃음이 나지요.

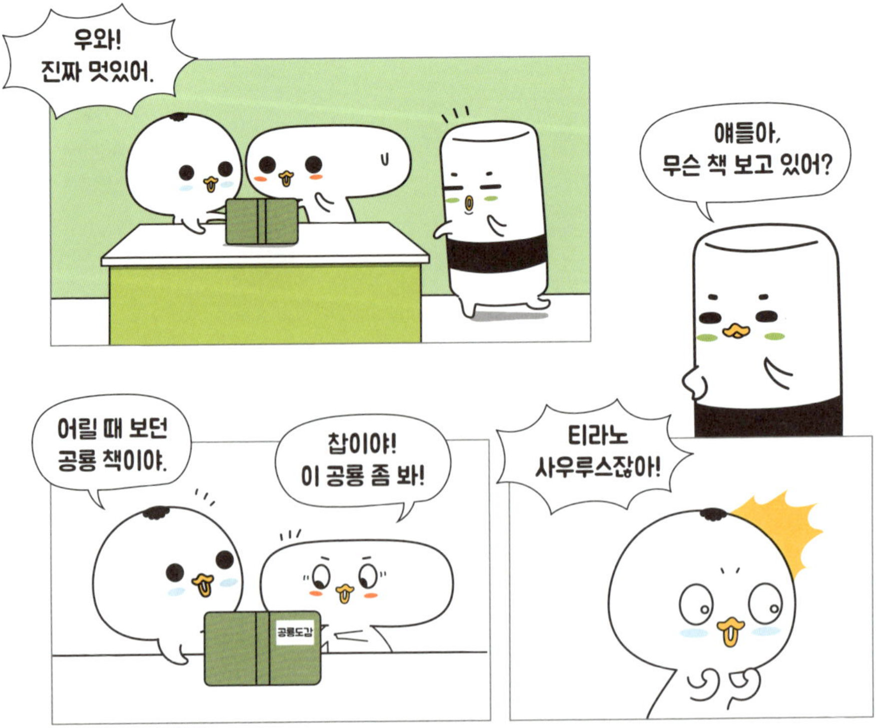

우와! 진짜 멋있어.

얘들아, 무슨 책 보고 있어?

어릴 때 보던 공룡 책이야.

찹이야! 이 공룡 좀 봐!

티라노사우루스잖아!

77

千差萬別
천차만별

한자의 음과 뜻

일천 천 / 다를 차 / 일만 만 / 나눌(다를) 별

천 가지가 다르고 만 가지가 다르다는 뜻으로, 모든 것은 차이가 있고 구별이 있다는 말이에요. 생김이 똑같아 보이는 쌍둥이라도 100% 같을 수는 없고, 가지고 있는 성격 또한 전혀 다르답니다.

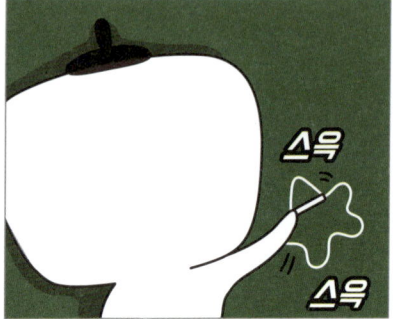

78 천편일률 千篇一律

여럿이지만 서로 다른 특징 없이 모두 비슷하다는 말이에요. 너도나도 따르는 유행으로 개성이 없어진 비슷한 외모와 생각들, 변화를 두려워하는 고리타분함은 모든 것을 엇비슷하게 만들어 변화와 발전을 기대할 수 없게 하지요.

한자의 음과 뜻
일천 천 / 책 편 / 한 일 / 법칙 률(율)

— 다 썼지? 우리 돌아가면서 낭송해 보자.
— 응!
— 어떤 동시일지 정말 궁금하다.

— 그래, 찹이부터!
— 응!

— 제목 개. 눈 위에서 개가 원을 그리며 뛰오.

青天霹靂
청천벽력

한자의 음과 뜻

푸를 청 / 하늘 천 / 벼락 벽 / 벼락 력(역)

맑은 하늘에 날벼락이라는 뜻으로, 갑작스럽게 일어난 충격적이거나 어처구니없는 사고나 일을 당했을 때 사용해요. 이때는 너무나 큰 충격으로 눈앞이 캄캄해지며 정신을 잃기도 하지요.

80

秋風落葉
추풍낙엽

한자의 음과 뜻

가을 추 / 바람 풍 / 떨어질 락(낙) / 잎 엽

가을바람에 떨어지는 나뭇잎이라는 뜻과 그 모습처럼 세력이나 형편이 갑자기 기울 때를 비유적으로 표현하는 말이에요. 퀴즈 대회에서 결승으로 올라가는 중요한 문제에서 많은 사람이 문제를 틀려 우수수 떨어졌을 때도 사용하지요.

81

惻隱之心
측은지심

한자의 음과 뜻

슬퍼할 측 / 숨을 은 / 갈 지 / 마음 심

가엾고 불쌍하게 생각하는 마음이라는 뜻으로, 어려운 상황에 있는 사람을 보았을 때 느끼는 안쓰러운 생각에서 시작돼요. 이런 마음이 다른 사람을 돕게 하고 사회를 더욱 따뜻하게 만들어요.

82 탁상공론	89 허심탄회	96 확고부동
83 태평성대	90 혈혈단신	97 회자정리
84 파란만장	91 호가호위	98 횡설수설
85 패가망신	92 호사다마	99 후안무치
86 포복절도	93 호언장담	100 후회막급
87 표리부동	94 호연지기	
88 풍수지탄	95 혼연일체	

ㅌ ㅍ ㅎ

82 卓上空論
탁상공론

탁상에 앉아 여럿이 의논만 한다는 뜻으로, 현실이 반영되지 않은 허황된 논의를 말해요. 실제 상황을 잘 알지 못하고 하는 논의라 현실성이 전혀 반영되지 않아 시간 낭비일 뿐이에요.

한자의 음과 뜻
높을 탁 / 위 상 / 빌 공 / 논할 론(논)

— 다음 주 농구 대회 알고 있지?
— 당연하지.
— 이번에는 우리가 꼭 우승하자!

— 좋아. 그럼 어떤 작전이 좋을까?
— 아주 간단해. 그냥 내 위주로 공격하면 된다고!

83

太平聖代
태평성대

한자의 음과 뜻

클 태 / 평평할 평 / 성인 성 / 대신할 대

슬기로운 왕이 나라를 잘 다스려 나라가 안정되고 백성들이 걱정 없이 편안한 시대를 말해요. 이때 나라의 힘은 더욱 부강해지죠. 사회 시간에 역사를 배우며 자주 들을 수 있는 말이에요.

> 우와~, 저게 세종대왕 동상이구나.

> 맞아.

> 한글날을 맞아서 그 의미를 되새겨 보면 좋을 것 같아서 온 거야.

> 만약 한글이 없었다면 어땠을까? 상상이 안 가.

> 음….

84

波瀾萬丈
파란만장

한자의 음과 뜻

물결 파 / 물결 란(난) / 일만 만 / 어른 장

물결처럼 계속 이어지는 시련과 수많은 장애라는 뜻으로, 여러 어려움과 변화가 많다는 말이에요. 때문에 삶이 고단하고 힘들답니다.

85

敗家亡身
패가망신

한자의 음과 뜻

패할 패 / 집 가 / 망할 망 / 몸 신

재산을 모두 써 집안을 망치고 몸 또한 망친다는 말이에요. 이것은 대부분 욕심에서 시작된 잘못된 선택에서 오는 경우가 많아요. 나쁜 아니라 집안까지 망치게 된다니 나의 행동 하나하나가 얼마나 중요한지 알 수 있어요.

86

抱腹絕倒
포복절도

한자의 음과 뜻
안을 포 / 배 복 / 끊을 절 / 넘어질 도

배를 안고 넘어질 정도로 웃는다는 뜻으로, '너무 웃어서 배가 아프다'는 말과 비슷한 뜻이에요. 이 말은 아주 재미있음을 비유적으로 표현할 때 사용해요. 친구의 말도 안 되는 유머에 포복절도한 적이 있나요?

表裏不同
표리부동

한자의 음과 뜻

겉 표 / 속 리(이) / 아닐 불(부) / 한가지 동

겉과 속이 하나가 아니라는 뜻으로, 속마음과 겉으로 하는 행동이나 말이 같지 않다는 말이에요. 속담 '겉 다르고 속 다르다'와 같이 바르지 못한 됨됨이를 지적하는 말로 사용하기도 해요.

— 두야야, 부엌에 있었구나.

— 응~. 방금 냉장고 정리했어.

— 엥? 이 밤에? 갑자기 냉장고 정리는 왜?

— 요즘 너무 많이 먹어서 살이 엄청 쪘거든.

— 맞아, 네가 많이 먹긴 했지.

88

風樹之歎
풍수지탄

한자의 음과 뜻

바람 풍 / 나무 수 / 갈 지 / 탄식할 탄

부모님이 돌아가셔서 효도할 수 없는 슬픔을 말해요. 어른이 되어 무엇이든 다 해 드릴 수 있는데, 그것을 받아야 할 부모님이 안 계시다면 얼마나 슬플까요. 오늘은 부모님 어깨를 주물러 드리며, 지금 할 수 있는 효도부터 시작해요.

찹이야, 어딜 급하게 달려가는 거야?

히히~, 심부름하기 싫어서 도망가는 길이야.

모네 넌 어디 가?

난 엄마 심부름 가고 있어.

엥? 너도 심부름하기 싫어서 매일 도망 다녔잖아.

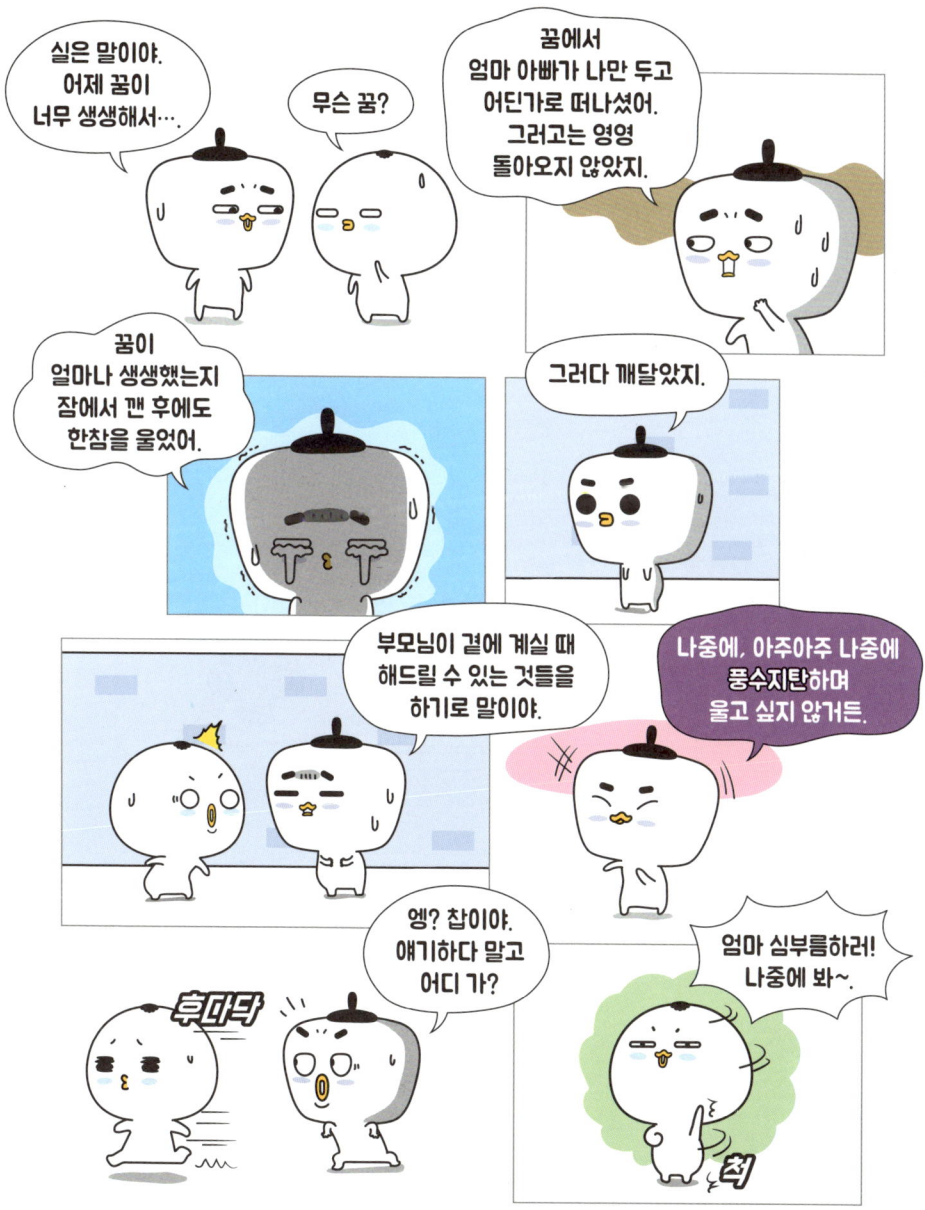

89

虛心坦懷
허심탄회

한자의 음과 뜻
빌 허 / 마음 심 / 평탄할 탄 / 품을 회

품은 마음을 이야기할 만큼 숨긴 것이 없고 솔직하다는 뜻으로, 속마음을 터놓고 이야기한다는 표현에 자주 사용해요. 친구와 혹시 갈등이 있다면 허심탄회하게 이야기를 나눠 보세요. 쌓였던 오해가 풀릴 거예요.

— 다들 왔구나.

— 왜 모이라고 한 거야?

— 히히, 내가 햄버거를 만들었거든. 근데 정말 맛있어서 나눠 먹으려고.

— 우와~.
— 잘 먹을게!
— 정말 맛있다.
— 냠냠
— 냠냠

90

孑孑單身
혈혈단신

한자의 음과 뜻

외로울 혈 / 외로울 혈 / 홀 단 / 몸 신

외로운 홑몸이라는 뜻으로 의지할 곳 없이 혼자라는 말이에요. 부모 형제가 없는 사람일 수도 있지만, 아무도 아는 사람이 없는 다른 나라 또는 분야에 뛰어들어 혼자 개척해야 하는 경우에도 이같은 표현을 써요.

狐假虎威
호가호위

한자의 음과 뜻

여우 호 / 거짓 가 / 범 호 / 위엄 위

여우가 호랑이의 위엄을 빌려 잘난 척한다는 뜻으로, 자신보다 큰 권력을 가진 사람을 이용해 위세를 부린다는 말이에요. 다른 사람의 힘을 제 것인 양 행동하며 나쁜 행동을 한다면 안 되겠지요.

우와~.

히히, 과자가 엄청 쌓였네.

두야야, 그 과자들은 뭐야?

너 달리가 우리 학교에서 제일 인기가 많은 거 알지.

응. 그런데?

92

好事多魔
호사다마

한자의 음과 뜻

좋을 호 / 일 사 / 많을 다 / 마귀 마

좋은 일에는 나쁜 것이 따른다는 뜻으로, 좋은 일 뒤에 나쁜 일이 이어질 때 비유적으로 사용해요. 설날 친척들에게 세뱃돈을 많이 받아 기분이 좋아요. 무엇을 살까 이런저런 고민을 하는데, 엄마가 세뱃돈을 모두 저금한다며 가져가셨어요.

동물병원에 다녀가는 길이야?

응~.

강아지가 어디 아파?

아니, 어제 새끼를 다섯 마리나 낳았거든.

우와, 정말! 드디어 낳았구나. 너무 귀엽겠다. 축하해!

93

豪言壯談
호언장담

한자의 음과 뜻
호걸 호 / 말씀 언 / 장할 장 / 말씀 담

확신을 가지고 자신 있게 말한다는 뜻으로, 자신이 하는 말을 꼭 지키겠다는 굳은 의지와 자신감을 담고 있어요. 이렇게 호언장담 했던 말을 만약 지키지 못한다면 나에 대한 신뢰와 믿음을 잃게 될 거예요.

94

浩然之氣
호연지기

한자의 음과 뜻

넓을 호 / 그럴 연 / 갈 지 / 기운 기

넓고 큰 기운이라는 뜻으로, 바른 행동에서 비롯되는 거침없는 기상과 용기를 말해요. 미래를 책임질 우리 어린이들이 가져야 할 마음가짐이 바로 호연지기예요. 이 마음이 자라서 밝은 미래를 만들어요.

95

渾然一體
혼연일체

한자의 음과 뜻

흐릴 혼 / 그럴 연 / 한 일 / 몸 체

생각과 행동이 하나가 된다는 뜻으로, 서로 다른 것들이 똘똘 뭉쳐 완전히 하나가 된다는 말이에요. 줄다리기를 할 때는 수많은 사람들이 구령과 행동을 하나로 맞춰 혼연일체가 되어야, 힘이 모여 이길 수 있어요.

96 確固不動
확고부동

한자의 음과 뜻

굳을 확 / 굳을 고 / 아닐 불(부) / 움직일 동

굳은 의지로 움직이지 않는다는 뜻으로, 확고한 생각을 가져 어떤 상황에서도 흔들림이 없다는 말이에요. 내가 하고 싶은 일, 하고자 하는 일에 이런 마음을 가진다면 꼭 원하는 것을 얻을 수 있을 거예요.

97

會者定離
회자정리

한자의 음과 뜻

모일 회 / 놈 자 / 정할 정 / 떠날 리(이)

만남 뒤에는 이별이 있다는 뜻으로, 모든 것이 쓸모없고 허무하다는 말이에요. 사람 사이의 헤어짐에서도 쓰지만, 오랜 시간 하던 일을 끝내며 아쉬운 마음을 담을 때도 비유적으로 사용해요.

98

橫說竪說
횡설수설

한자의 음과 뜻
가로 횡 / 말씀 설 / 세울 수 / 말씀 설

가로로 말하다 세로로 말한다는 뜻으로, 두서없이 이말 저말 나오는 대로 떠드는 말이에요. 이런 말은 무슨 말인지 알아들을 수도 없고, 그 말을 신뢰할 수도 없어요. 말을 할 때는 논리적이고 조리 있게 말해야 하지요.

99

厚顔無恥
후안무치

한자의 음과 뜻

두터울 후 / 낯 안 / 없을 무 / 부끄러울 치

얼굴이 두꺼워 부끄러움이 없다는 뜻으로, 뻔뻔하여 부끄러운 일을 하고도 부끄러운 줄 모른다는 말이에요. 미술 시간 열심히 만든 작품을 동생이 부쉈어요. 그런데 사과는커녕 아무렇지 않게 그냥 가 버려요. 어처구니가 없어 더 화가 나요.

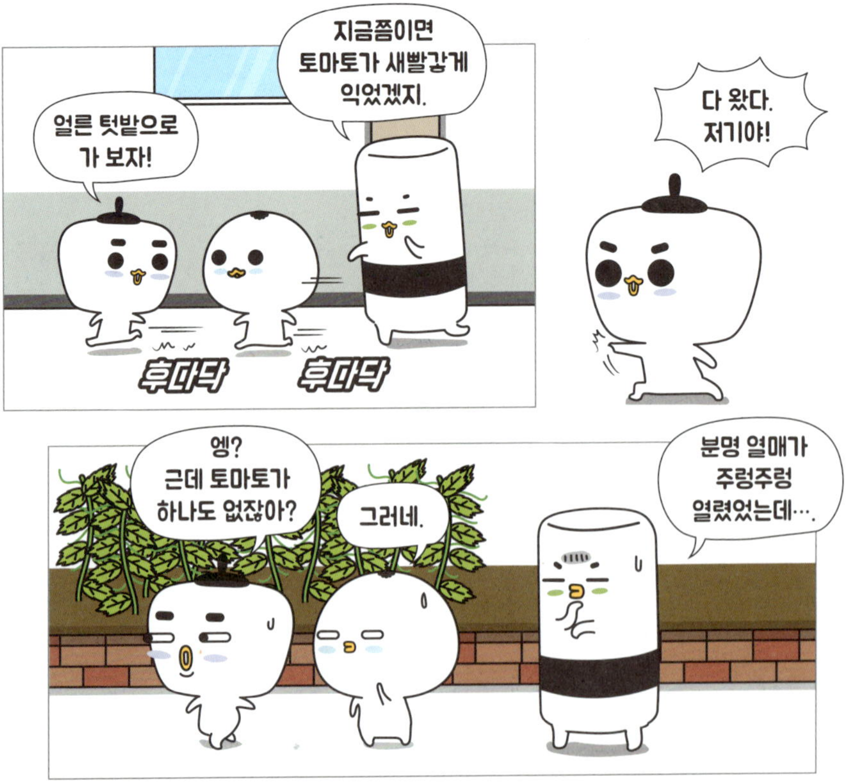

얼른 텃밭으로 가 보자!

지금쯤이면 토마토가 새빨갛게 익었겠지.

다 왔다. 저기야!

후다닥 후다닥

엥? 근데 토마토가 하나도 없잖아?

그러네.

분명 열매가 주렁주렁 열렸었는데…

100

後悔莫及
후회막급

한자의 음과 뜻

뒤 후 / 뉘우칠 회 / 없을 막 / 미칠 급

뒤에 뉘우쳐도 어찌할 수 없다는 뜻으로, 잘못을 하고 나서 아무리 후회해도 되돌릴 방법이 없다는 말이에요. 방학 숙제를 미루고 미루다 개학식 전날 모두 하려니 벅차기만 해요. 매일 조금씩 해둘 걸 하고 후회하지만 소용없는 일이에요.

초판 20쇄 2025년 6월 9일
초판 1쇄 2021년 4월 20일

글·그림 한날

펴낸이 정태선
펴낸곳 파란정원
출판등록 제395-2010-000070호
주소 서울특별시 은평구 가좌로 175, 5층
전화 02-6925-1628 | **팩스** 02-723-1629
제조국 대한민국 | **사용연령** 8세 이상 어린이
홈페이지 www.bluegarden.kr | **전자우편** eatingbooks@naver.com
종이 다올페이퍼 | **인쇄** 조일문화인쇄사 | **제본** 경문제책사

글·그림ⓒ한날 2021
ISBN 979-11-5868-194-4 73710

이 책은 저작권법에 따라 보호받는 저작물이므로 무단 전재와 무단 복제를 금지하며,
이 책 내용의 전부 또는 일부를 이용하려면 반드시 저작권자와 파란정원(자매사 책먹는아이·새를기다리는숲)의 동의를 얻어야 합니다.
*잘못된 책은 구입하신 서점에서 바꿔 드립니다.